Sylvia Kost

Ravensburger® Hobbykurse

Schöne Adventskalender

Otto Maier Verlag
Ravensburg

CIP-Kurztitelaufnahme der Deutschen Bibliothek

Kost, Sylvia:
Schöne Adventskalender/Silvia Kost.
[Fotos: Ulrike Schneiders].
– Ravensburg: Maier, 1986.
(Ravensburger Hobbykurse)
ISBN 3-473-45675-6

Fotos: Ulrike Schneiders
Zeichnungen: Sylvia Kost
Umschlagfoto: Ulrike Schneiders
Satz: E. Weishaupt, Meckenbeuren
Gesamtherstellung: Himmer, Augsburg
Printed in Germany

89 88 87 86 4 3 2 1

ISBN 3-473-45675-6

Inhalt

Einleitung

Weihnachten fängt für mich im Grunde mit dem 1. Adventssonntag an. Da gibt es zwar einen Tag vorher manchmal etwas Hektik, wenn die besten Tannenzweige aus dem Wald oder vom Markt geholt werden. Aber spätestens am 4. Dezember, dem Tag der heiligen Barbara, sollte dann die Stille der Vorweihnachtszeit zu spüren sein. Sollte! Ich weiß ja, für viele ist „Stille" zu einem heiß ersehnten Zauberwort geworden, leider. Hektik kennen wir alle zur Genüge, darum will ich dazu nichts weiter sagen, als daß ein paar liebe Dinge schon genügen, um zu Hause nach einem langen, ereignisreichen Arbeitstag Ruhe und heimelige Stimmung zu schaffen.

Für viele sind es die 4 Kerzen, Äpfel und Nüsse auf dem Tannenkranz; für die Kinder sind es dazu die Adventskalender. Sie machen alle weihnachtlichen Vorbereitungen zur freudenreichen Spannung und Erwartung, ohne unnötig vorzugreifen.

Und wieviel läßt sich damit verbinden: allabendliches Einüben der alten Lieder; festliches Backen und Einpacken; geheimnisvolles Rascheln hier und dort, viel Glänzendes und Glitzerndes. Merkwürdigerweise gibt es plötzlich Orte in der Wohnung, die für bestimmte Leute völlig tabu sind. – Und so geht es fort mit Bratäpfelduft, Lebkuchenherzen und manchmal sogar, wenn wir Glück haben – mit richtigem weihnachtlichem Schnee.

Kleine Aufmerksamkeiten, hübsch verpackt – für eine freudenvolle Adventszeit.

In solcher Verfassung lassen sich wunderbar Adventskalender basteln: nicht nur für die Kinder, die in ihrer Erwartung kaum anders täglich zufriedenzustellen sind. Sicher gibt's auch in Ihrem Bekannten- und Freundeskreis Menschen, die schon lange auf Ihrer Warteliste für eine liebe Aufmerksamkeit stehen. Vielleicht wollen Sie sie beschenken, in einer anderen Form als bisher (weil man sich vielleicht lange nicht sehen wird oder weil man sie einfach ganz besonders überraschen möchte).

Gründe gibt's genug. Nehmen Sie sich nur eines vor: Sie kennen den Charakter des Menschen, den Sie so beschenken möchten, und zu ihm passend basteln Sie den Adventskalender. Ich habe mich bemüht, ein paar Vorschläge zu zeigen, die unterschiedliche Gemüter ansprechen könnten und die etwas Eigenes – in dieser Form vielleicht noch nicht so oft Gesehenes an sich haben.

Schmuckverpackungen für Kränze, Girlanden und Gestecke

Weil sie immer noch am beliebtesten und am schönsten sind, die dunkelgrünen, duftenden Kranzgebinde, Girlanden und Gestecke aus Tannen-, Kiefer-, Buchsbaum- oder Ilexzweigen, habe ich dieses Thema zusammenfassender behandelt, als es sonst vielleicht üblich ist. Es bieten sich ja derart viele Möglichkeiten an, daß ich nur einige herausgreifen wollte. Solche, die Sie ohne allzugroßen Aufwand leicht nacharbeiten können. Selbstverständlich können Sie alle gezeigten Verpackungsmodelle kunterbunt mixen; sowohl von den Formen als auch von den Farben her.
Die einfachste Art, kleine Geschenke hübsch zu verpacken, bieten nach wie vor Zündholzschachteln; in der Apotheke bekommen Sie auch Medikamentenschächtelchen in verschiedenen Größen. Beide Arten können Sie ganz nach Ihrem Geschmack verzieren. Zum Bekleben eignen sich alle hübschen Geschenk- und Folienpapiere, Kalenderbilder, alle möglichen Farbdrucke aus Illustrierten oder Broschüren. Manche Objekte können aber auch bemalt oder sonstwie verziert werden. Das sei ganz Ihrer unerschöpflichen Phantasie überlassen.
Schachteln, Tüten und Täschchen hängen Sie in phantasievoller Weise auf. Die Numerierung malen, schreiben oder kleben Sie auf, dafür gibt es im Fachhandel aber auch Abreibezahlen zu kaufen.

Mit den Zündholz-schachteln
oder mit den würfelförmigen, Schachteln lassen sich übrigens auch hübsche Doppel- bzw. Vierfach-Puzzles anfertigen. Suchen Sie dazu schöne Motive zusammen: Blumenbilder, Landschaften, Tierbilder, Kunstdrucke, Fotos oder kleine Ausschnitte aus Plakaten.

Einfache Spitztüten
aus Geschenk- oder Folienpapier, dazu Seidenpapiere oder Klarsichtfolien.
Für die Einsätze: auf dem Seidenpapier Doppelkreise ziehen, in 4 Teile schneiden. Aus dem festeren Papier ebenfalls Kreise (entsprechend kleiner) ziehen, vierteln und ausschneiden. An die inneren Ränder die Einsätze kleben, insgesamt zur Tüte drehen und sauber zusammenkleben.

Falttütchen:
Bunte (Origami-) Papier-Quadrate Kante über Kante halbieren und falzen. Links und rechts über Kreuz nach innen biegen, zuletzt die oberen Ecken nach vorne und hinten herunterfalten. Durch die Seitenteile Bänder ziehen, fertig.

Hübsche Formen
aus weißem oder buntem, glänzendem oder mattem Zeichenkarton; aus Sperrholz oder Salzteig; echtem Gebäck oder Ton: Herzen, Sterne, Äpfel, Blumen, Vögel, Schäfchen usw. Immer doppelt anfertigen, denn dazwischen wird die Überraschung eingebunden.

Schachtel 1:
Grundkonstruktion wie Schema. Festeres Zeichenpapier verwenden, alle Kanten vor dem Biegen mit dem stumpfen Rücken einer kleinen Schere etc. prägen, dann knicken und an den seitlichen Laschen zusammenkleben, die Deckellasche nur einschieben. Bemalen oder bekleben, dann mit Aufhänger versehen.

Schachtel 2:
Entsteht aus einem Sechseck. Für den Boden: Kreis zeichnen; vom oberen und unteren Ende des Durchmessers den Radius links und rechts an die (ca. 3 cm) Kreisränder übertragen. Diese Punkte durch gerade Linien verbinden. Klebelaschen zufügen, ausschneiden. Seitenteil der Schachtel: In insgesamt 6 Längsstreifen (Breite wie der Radius = 3 cm), etwa 6 cm hoch, einteilen, seitlich 1 Klebelasche dazuschneiden. Die oberen Deckelteile unbedingt mit anarbeiten: Etwas länger als das Radiusmaß (ca. 3,5 cm) zeichnen, einschneiden bis zu den Seitenstreifen. Alle Knickstellen prägen, die Schachtel kleben: seitlich und am Boden. Die Deckelteile im Uhrzeigersinn ineinanderschieben.

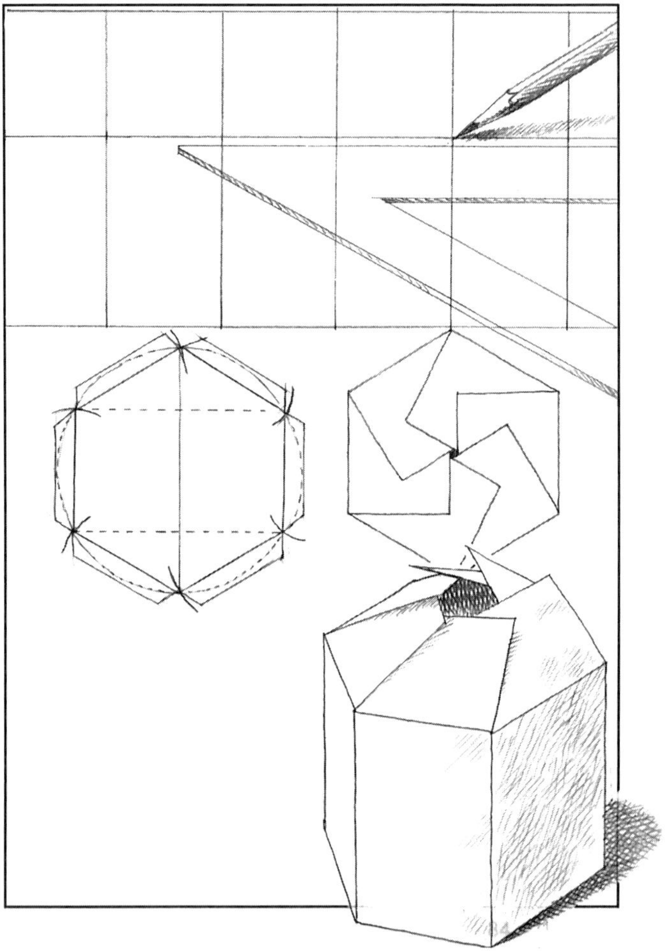

Herzchen: Aus einem Quadrat mit Halbkreisbogen an der Kopfseite konstruiert. Je ein gefaltetes Teil schneiden, das zum Bogen hin offen bleibt. Die Einschnitte unbedingt geradzahlig und an einer Hälfte tiefer als die halbe Breite anbringen, damit sich die Flechtteile durchziehen lassen. Mit dünnem Faden beklebt aufhängen.

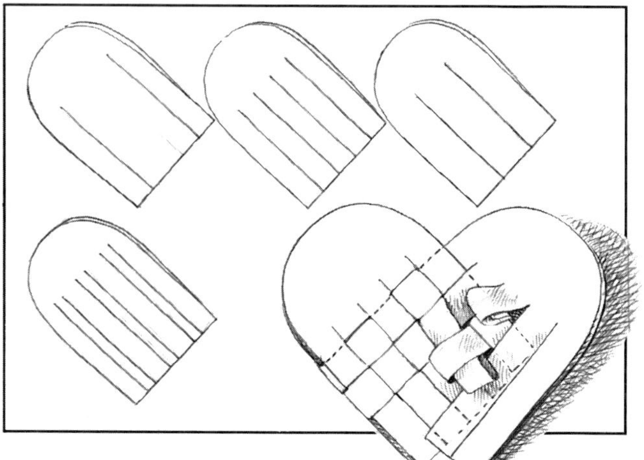

Nostalgische Kalender

Gebräuche in der Weihnachtszeit sind nun mal „alt", kommen nicht aus der Mode. Nur abgewandelt werden sie manchmal, dem Zeitgeschmack angepaßt. Nicht von ungefähr kommen da alle klassischen Handarbeiten, schmückenden Basteleien und die Bilder von der „heilen Welt" zusammen mit typischen Dekorationen auf den Tisch. Sehnsucht nach Heilendem, nach Herzerwärmendem drückt sich in vielfältiger Weise aus, besonders in den Zeichnungen alter Illustratoren. Einer der beliebtesten und bekanntesten war und ist der romantische Ludwig Richter.
Seit ein paar Jahren sind sie wieder verstärkt in Büchern und Zeitschriften zu finden: die Engelchen und Nikoläuse, die stillverschneiten Landschaften und romantischen Szenerien, fein gezeichnet mit Liebe zum Detail, mit viel Humor und oft auch etwas kitschig.
Für einen Adventskalender bestens geeignet sind alle Schwarzweißzeichnungen mit großen, offenen (weißen) Flächen zum Kolorieren; ohne zu intensive Schattierungen. Wichtig ist eine gute Auswahl, passend zum Thema; sehr wichtig die Druckqualität: die muß gestochen scharf sein. Suchen Sie sich „weltliche" Motive aus. Oder halten Sie eine Madonna mit Jesuskind, Josef, Hirten, Engeln und Königen, mit eingeschnittenen Adventstürchen für geschmackvoll?
Zum Beispiel: Szenen mit dem Weihnachtsmann und Kindern, singende Engelchen um einen Weihnachts-

Beim Kopieren bitte beachten: den richtigen Ausschnitt, die Lage, die richtige Papiergröße und die Belichtungsstärke. Normales, weißes Fotokopier-Papier kann gut mit Wasserfarben oder Buntstiften koloriert werden. Schwieriger ist es, das zunächst noch unkolorierte Blatt auf einen Kartongrund zu kaschieren.

Mit Fixogum wird die ganze Kartonfläche gleichmäßig eingestrichen und danach die Rückseite der Fotokopie. Beim Aufziehen des Blattes lassen Sie sich am besten von jemand helfen: Sie halten mit beiden Händen die oberen Ecken gespannt, und Ihr Helfer hält die unteren Ecken hoch. Streichen Sie dann von oben nach unten langsam das Blatt auf den Karton. So können kaum Luftblasen zwischen Blatt und Karton zurückbleiben. Prüfen Sie dann nochmals, ob alle Kanten gut haften.

Als nächstes wird koloriert. Aber erst, nachdem die Kanten des Kartons sauber zurückgeschnitten und begradigt sind, mit dem Grafikermesser und einem großen, guten Lineal.

Eine fröhliche Einstimmung auf Weihnachten: der lustige Santa Claus.

baum oder ein Städtchen mit vielen Fenstern, Türen und vergnügten Leuten – das sind die richtigen Motive. Ich bin sicher, daß es Ihnen nicht schwerfallen wird, etwas Passendes zu finden.
Ihr ausgewähltes Motiv muß nun per Fotokopie Schritt für Schritt vergrößert werden, denn meist sind die Drucke zu klein für einen Kalender. Im Fachgeschäft, in einer Schule oder Bücherei ist man Ihnen dabei gerne behilflich.
Zu Hause machen Sie sich nun an die eigentliche Fertigung Ihres Adventskalenders, der sich sonst in keinem Laden so leicht kaufen läßt. Sie haben sich zunächst entschieden, ob Sie einen Türchen- oder einen Päckchen-Kalender wollen – je nach Motiv.
Für letzteren habe ich den typisch englischen „Santa Claus" gewählt, weil er so lieb und verschmitzt lacht. Und er ist sehr einfach zu kolorieren. Buntstiftfarben sollten mit Fixativ fixiert – oder mit einer Klarsicht-Klebefolie geschützt werden, die bis auf die Rückseite gezogen und dort befestigt wird.
So, und nun wissen Sie bald, wo die täglichen kleinen Überraschungen appliziert sein sollen. Die bereits numerierten Päckchen, von verschiedener Größe und Farbe, verteilen Sie auf dem Bild, markieren vielleicht zart mit Bleistift die richtigen Stellen, bevor Sie die Geschenke, am besten mit Klebegummis, festmachen. Auch Papierkleber oder beidseitiges Klebeband kann man benutzen – aber das Bild wird dann beim Ablösen der Päckchen leider oft beschädigt. Mit Nadeln würde ich nichts befestigen: die können nicht nur Kindern weh tun!

▷ Solche Motive eignen sich gut für den Türchenkalender.

Fur die Liebe
Sofia-Lisa

Türchenkalender

Zwei Kinder am Waldrand

Wenn die Verteilung gelungen ist, können Sie mit scharfem Messer und Lineal vorsichtig (durchs Transparentpapier) die Einschnitte anlegen. Die Seitenteile der Türchen – die Angeln – prägen Sie am besten leicht vor (mit einer Knüpfnadel, einer dünnen Häkel- oder Stricknadel oder auch mit dem stumpfen Rücken einer kleinen Schere), sonst lassen sich die Türchen nicht gut öffnen.
Auf der Rückseite sind die Einschnitte gut sichtbar, so daß Sie die Verteilung der Tiere mit Bleistift notieren können (zwischendurch immer wieder von vorne kontrollieren). Über die ganze Rückseite legen Sie transparentes Papier (größer geschnitten).

Die nächsten beiden Kalender sind aus Kopien von Zeichnungen von Ludwig Richter gestaltet. Als Motive wurden „Zwei Kinder am Waldrand" und „Großmutter erzählt" gewählt. Das Thema „Zwei Kinder am Waldrand" eignet sich besonders gut als Türchenkalender. Die vergrößerte Illustration wird (wie im vorigen Kapitel beschrieben) auf ein normal starkes Zeichenpapier kaschiert, damit sich die Türchen später problemlos einschneiden lassen. Nachdem die Zeichnung koloriert wurde (hier mit Buntstiften), sucht man die geeigneten Stellen für die Türbildchen. Letztere haben Sie schon vorher passend zum Motiv vorbereitet, ausgeschnitten (in geeigneten Größen) aus Fachzeitschriften, Kalen-

Ein Türchenkalender im Großformat – wählen Sie dafür Ihr Lieblingsmotiv.

Zum Abschluß montieren Sie auf die genaue Mitte des oberen Randes der Rückseite noch einen Aufhänger (gibt's in Bastelläden) oder bringen einen Ständer aus steifem Karton zur unteren Mitte hin an (siehe Schemazeichnung)!

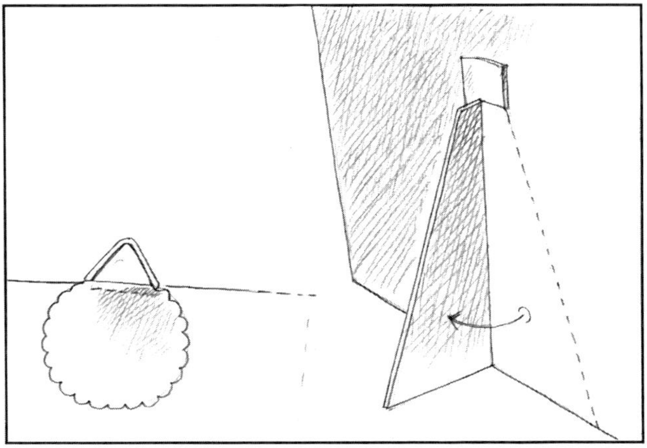

Oben und rechte Seite: ein paar Motivvorschläge zur Anregung

dern oder Illustrierten. In unserem Kalender sind das Vögel, die zur Winterzeit im Lande bleiben, und Tiere, die sich gerne unter schützender Schneedecke im Boden, im Laub- und Wurzelreich, unter Hecken und Bäumen zum Winterschlaf verkriechen.
Legen Sie sich zur Erleichterung der folgenden Arbeit transparentes Papier über die ganze Fläche des Motivs (von der Rückseite her mit Klebestreifen leicht anpinnen) und markieren Sie darauf mit Bleistift die möglichen Partien. Darauf markieren Sie nun mit leichten Bleistiftkreisen die Stellen, wo dann (auf der Innenseite) die einzelnen Bilder festgeklebt werden. Ausreichend mit Fixogum bestrichen und mit noch nassem Klebstoff, legen Sie die zuvor ausgewählten und vorbereiteten Bilder auf die bezeichnete Stelle und können sie so noch hin und her in die genaue Position schieben.
Wenn die Bildchen gut haften, säubern Sie die Ränder von Klebstoffkrümeln und beschneiden dann den Rand des Transparentes. Das Transparent sollte ca. 0,5 cm kleiner als das Hauptmotiv sein. Kleben Sie es jetzt an den vier Kanten fest und überziehen wiederum das Ganze mit einem Bogen desselben Zeichenpapiers (wie beim Hauptmotiv) – die Kanten wie vorher mit Fixogum befestigen.

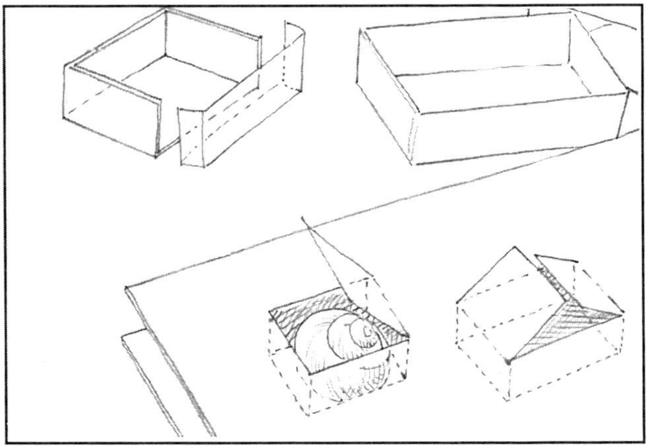

Zündholzschachteln hat jeder. Darin lassen sich sehr niedliche, kleine Geschenke verstecken, die sie eventuell leicht festkleben können, damit sie nicht herausfallen.

Ein kleiner Geschenkekalender

Statt ausschließlich Bildmotive für die Türchen zu verwenden, kann ich mir genausogut ganz kleine Geschenke dahinter vorstellen. Wenn Sie die Innenteile von Zündholzschachteln halbieren und die fehlenden Seitenteile mit Papierstreifen wieder schließen, erhalten Sie niedliche kleine Behälter. Diese können nach der beschriebenen Weise zur Vorbereitung für die Bildverteilung auf einem Hintergrundkarton aufgeklebt werden. Sie dürfen dann jedoch keine verschiedenen Höhen aufweisen, weil sie ja sehr gut an den Karton des Kalendermotivs anschließen sollen. Kleben Sie beide Kartons aufeinander, schließen Sie die Seiten mit schönem Papier und füllen Sie zuletzt die Behälter mit kleinen, hübschen Dingen wie: Haarklammern, Briefmarken, Muscheln, Trockenfrüchten, Knöpfen, Federn, winzigen Figürchen, Puppengeschirr, bunten Heftklammern, Nüssen oder Steinchen…

Für viele Kinder das Schönste: jeden Tag eine neue Geschichte aus dem Erzählkalender.

Geschichtenkalender

Man kann sich nur freuen darüber, wenn es in der Familie noch (wieder) jemanden gibt, der gerne Märchen erzählt, Gedichte vorliest und Lieder einübt. Für solche Zauberstunden auf dem Weg in eine tief erlebte Weihnachtszeit ist der Geschichten- oder Erzählkalender gedacht.
Sie müssen ja nicht abgebildete Motive verwenden. Dazu eignen sich auch viele Märchen-Illustrationen wie zum Beispiel das Hexenhaus von Hänsel und Gretel, aber auch ganz andere stimmungsvolle Darstellungen. Wichtig ist, daß das äußere Format des Grundkartons dem Format der Illustration (in der Mitte) entsprechend angepaßt wird, weil Sie für die 24 Kuverts viel Platz drum herum benötigen.
Der Grundkarton ist diesmal wieder ein sehr fester – wie bei Santa Claus – und wird hier mit Stoff oder Papier bezogen. Schön sind, außer zarten Mustern auf Geschenkpapieren, auch marmorierte Bögen (die gibt es auch als Drucke zu kaufen). Wer es ganz kostbar mag, nimmt nicht bloß ein leichtes Blümchenmuster auf Flanell, sondern greift zu Samt, Brokat oder Damast. Papier und Stoff kaschieren Sie, wie bei Santa Claus beschrieben (muß aber an den Rändern mindestens 3 cm größer zugeschnitten sein, über die Kanten gezogen und auf der Rückseite vollends kaschiert werden). Verwenden Sie Stoff, so wird dieser nicht mit Klebstoff bestrichen, sondern nur der Karton.

Ansonsten verfahren Sie wie bei Papier. Die Ecken mit Falzbein und zusätzlich etwas Klebstoff auf den Überlappungen (auf der Rückseite) extra sauber bearbeiten. Für die Inhalte der 24 Kuverts suchen Sie Geschichten, Gedichte, Lieder und Rätsel zusammen. Kopieren oder schreiben Sie sie von Hand auf weißes oder auf zart getöntes Papier und versehen Sie sie mit Illustrationen. Diese werden dann entsprechend den einzelnen Adventstagen in die bunten Kuverts gesteckt, numeriert und mit Faden oder Goldbändern auf den Stoff (oder das Papier) genäht. Sie können auch mit Pinnnadeln gesteckt werden, wenn die Köpfe groß, bunt und deshalb gut sichtbar (für Kinder) bleiben.

Wer würde sich nicht über eine handgeschriebene und -illustrierte Geschichte – womöglich über etwas Selbstgedichtetes – riesig freuen?

Statt eines Erzählkalenders könnten Sie zum Beispiel mit entsprechendem Motiv auch einen Weihnachtsbräuche-Kalender gestalten. Da bieten sich besonders stimmungs- wie bedeutungsvolle Möglichkeiten an: Vom Rorate-Singen; vom Pelzmärtel- und Sankt-Nikolaus-Tag; vom Fest der heiligen Barbara zur Herbergssuche im Singspiel bis hin zum Thomas-Orakel, zur Wintersonnenwende usw., mit allem was dazugehört, wie etwa das Lebkuchen-, Kletzen- oder auch Gebildbrot-Backen, um nur ein paar Beispiele zu nennen. Dieser Kalender wird sicher ein ganz besonderes Geschenk für die ganze Familie.

Filigransterne

Was mögen Sie lieber: einen „Schneekristall-Schmuck-Adventskalender" oder einen „Faltpapier-Filigran-Wunder-Sterne-Adventskalender"? Verschieden voneinander sind nicht die Kalender, sondern die Sterne bzw. die Kristalle. Und die wiederum hängen erst mal völlig „harmlos", beinahe unscheinbar als Papiertütchen getarnt, am Strauß oder an einer Girlande, zwar mit einem kleinen Geschenk bestückt – ihr eigentlicher, zauberhafter Reiz „entfaltet" sich jedoch buchstäblich erst später. Dazu dürfen alle – wer immer diesen Kalender erhält – ihre Phantasie mit einbringen.
Das geht folgendermaßen:
Sie schneiden mit der Schere aus einem leichten

Vorschlag:
Zeichnen Sie zur Anregung ein paar Muster auf die gefalteten Kreistütchen vor, die an jedem neuen Adventstag ausgeschnitten werden. Die übrigen werden dann selbständig gestaltet. Jedes Kind darf seine Wundersterne ans Fenster hängen, bis am Heiligen Abend ein ganzer Sternenhimmel prangt.

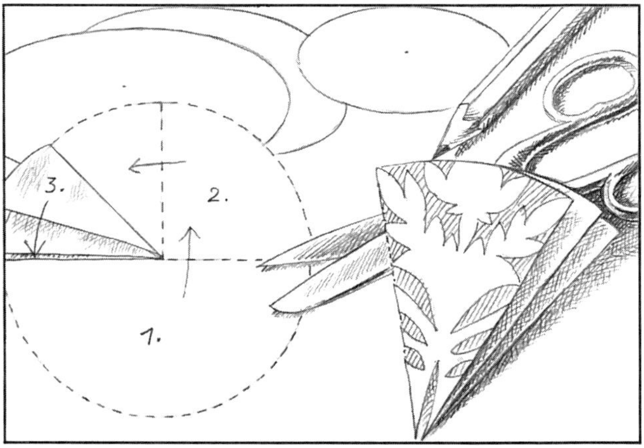

Tip:
Eventuell zwischen zwei Blättern – und nicht zu heiß gebügelt, können Sie Ihre ausstellungsreifen Schönheiten auch als „Bilder" einrahmen und verschenken.

Die einfachen Papiertütchen „entfalten" sich zu bezaubernden Sternen.

weißen (evtl. auch aus verschiedenem, pastell getöntem) Papier Kreise sauber aus, die mit dem Zirkel vorgezeichnet wurden. Die Durchmesser dürfen zwischen 8 cm (Minimum) und 24 cm (Maximum) schwanken. Sind alle 24 Kreise fertig – womöglich für jeden Tag auch mehrere –, wird Kreis für Kreis 3mal gefaltet: genau Kante an Kante gelegt, 1mal halbieren, dann noch 2mal. Die Knickkanten immer schön feststreifen. Jetzt zeichnen Sie mit Bleistift links und rechts von der Tütenseite her (nicht ganz zur Mitte hin) je ein Muster. Dieses schneiden Sie mit einer guten Schere heraus und falten danach den Filigranstern vorsichtig auseinander, der sich jetzt in seiner ganzen Pracht zeigt.

Glitzerfächer

Dieser Kalender erinnert Sie vielleicht an gefaltete Sterne aus Goldpapier. In ihm verbergen sich aber einige Überraschungen.
Die Fächer bestehen aus leichtem, strukturiertem und glattem Folienpapier. Ich habe einmal strukturiertes und zweimal glattes Papier gewählt. Der Fächer sollte nicht zu klein angelegt werden, damit er richtig „bestückt" werden kann. Er darf aber auch nicht zu groß sein, damit er stabil bleibt.
Für meine drei Fächer habe ich folgende Maße verwendet:

1. Fächer (grün): 60 cm lang, 14 cm hoch
2. Fächer (rosa): 74 cm lang, 22 cm hoch
3. Fächer (gold): 90 cm lang, 28 cm hoch
4. Hintergrundbogen (gold): so, daß er etwa 3 bis 4 cm über den gezackten Rand des hinteren Fächers hinausragt.

Teilen Sie zunächst die winkelgenau zugeschnittenen Streifen mit Bleistift in je 2 cm breite Querstreifen ein, die Sie mit der „stumpfen" Spitze (einer Knüpfnadel oder dünnen Häkel- bzw. Stricknadel etc.) sehr genau, Linie für Linie, vorprägen, aber nur zart, damit die Folie nicht verletzt wird. Knicken Sie dann alle geprägten Rillen nach oben bzw. nach unten – d. h.: ein Knick zur Folienseite, ein Knick zur Papierseite, wie eine Ziehhar-

monika. Das Muster schneiden Sie an einem der Fächerenden ein, und zwar mit einem scharfen Grafikermesser (Cutter), Schicht für Schicht (evtl. nachschneiden). Die größte „Ziehharmonika" müssen Sie in drei Arbeitsgängen schneiden – sie ist sonst zu dick. Sie können dabei je einen vorher geschnittenen Zacken als Vorlage für die unfertigen anlegen.
Wenn die 3 Fächer gefaltet und geschnitten sind, nähen Sie die Zacken am unteren Rand mit einem farblich passenden Faden locker zusammen. Es muß genügend Spielraum bleiben zum gänzlichen Auseinanderbiegen.

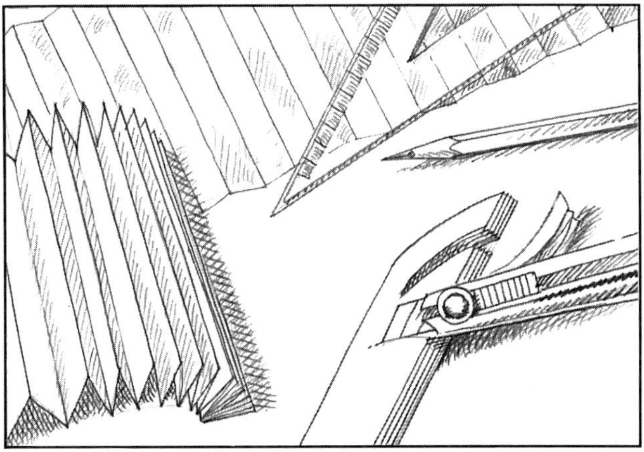

Das Muster wird in die „Ziehharmonika" eingeschnitten.

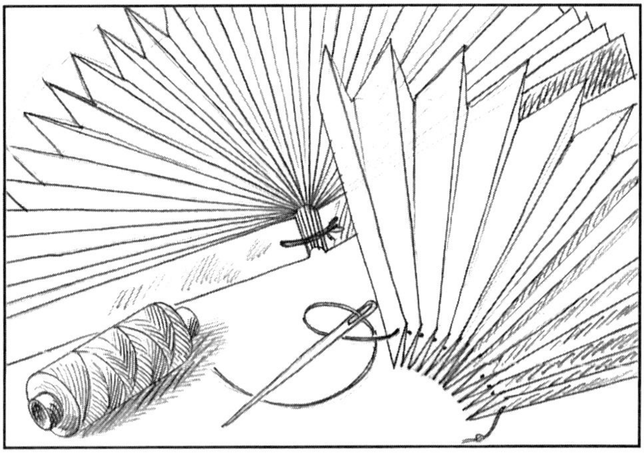

Der untere Rand wird locker zusammengenäht. Probieren Sie, wieviel Spielraum der Faden benötigt, damit sich der Fächer ganz ausfalten läßt.

Nun bereiten Sie einen weißen (evtl. auch farbig passenden) festen Kartonstreifen in der Länge des größten auseinandergebogenen Fächers vor, abzüglich der eingeschnittenen Partien (siehe Schema).
Für die Breite des Kartonstreifens markieren Sie 2 cm pro Fächer (3mal), mit 2 cm Zwischenraum (2mal), also insgesamt 10 cm. Zusätzlich muß an der oberen Längsseite ein Halbkreis, etwa in der halben Höhe des größten Fächers (genau von der Mitte aus angeschnitten), bleiben, und vorgeprägt im rechten Winkel nach oben geknickt werden. Dieser Halbkreis dient zur Stütze des großen Fächers.

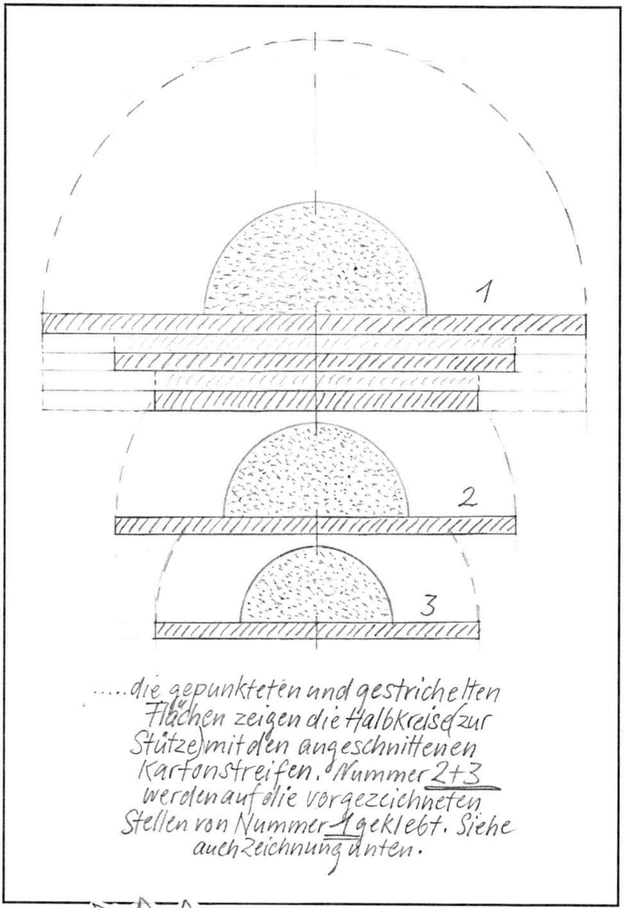

Als Stütze für die anderen Fächer zeichnen Sie auf einem anderen stabilen Zeichenpapier Streifen von 2 cm Breite in der Länge des jeweils nächst kleineren Fächers plus eines Halbkreises in ca. halber Höhe. Jeder Halbkreis wird wieder hochgeknickt und der Streifen genau in der Mitte auf dem Kartonstreifen festgeklebt.

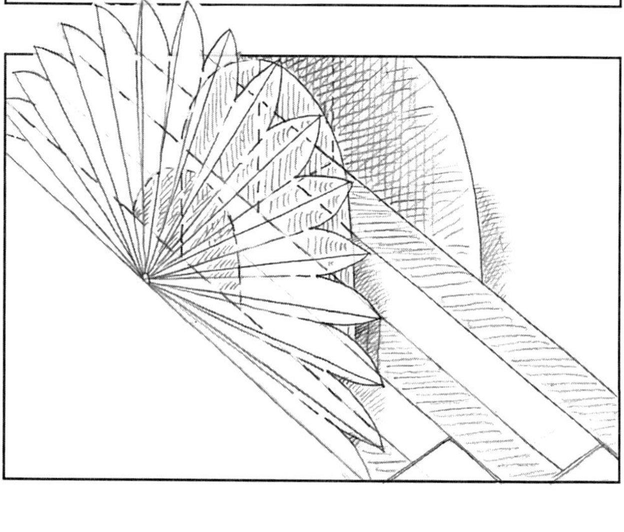

Der Glitzerfächer enthält viele Überraschungen.

Zum Anbringen der Geschenke verwendet man Rundholzstäbe (Ø 2–3 mm), für den kleinen Fächer 16 cm lang, für den mittleren ca. 24 cm und für den großen ca. 31 cm. Verteilen Sie die Stäbe entweder im Verhältnis 5/7/12 oder 6/8/10. Nach Geschmack umkleiden Sie die Stäbe mit Folien, Farbe oder lassen sie „roh".

Sind die Gerüste stabil und sauber geklebt, werden jetzt die einzelnen Fächer – mit dem größten beginnend – genau von der Mitte aus an ihren Seitenstreifen am Boden des Kartons festgeklebt, Halbkreise immer im Rücken. Letztere satt mit Papierkleber bestreichen und sofort an die gleichmäßig ausgerichteten Ziehharmonikakanten (Rückseiten) drücken. Immer erst einen Fächer fertig kleben, bevor der nächste bearbeitet wird.
Liegt nun alles gut vorbereitet in dreierlei Größen vor Ihnen, dann können Sie die Stäbe hinter die Fächer stecken und mit Klebestreifen noch befestigen. Zum Schluß, hinter den größten Fächer und die Päckchen,

Jedes Geschenk, verpackt oder unverpackt, wird nun an das obere Ende eines jeden Stabes befestigt, so daß der Stab das Päckchen auch noch stützt. Weitere Unterstützung und Verzierung gibt auch das Bändchen, das die Geschenke zusätzlich umwindet.

kleben Sie noch den eingangs erwähnten Hintergrundbogen in Gold. Er ist nicht unbedingt nötig, aber er hebt die Gesamtoptik des Fächers.
Halten Sie mit beiden Händen für eine Weile Fächer und Halbkreis zart zusammen, bis der Klebstoff festgeworden ist und gut haftet.
Zuletzt prüfen Sie nach, ob alles gut gestützt und haltbar ist, sodann beschneiden Sie links und rechts den Kartonboden nach hinten so, daß kein Stück unter den Fächerspitzen mehr hervorlugt.

Adventsbäumchen

Möchten Sie jemanden beschenken, der zwar gern „schlichte" Sachen hat, aber doch nicht ganz unromantisch veranlagt ist, so schenken Sie ihm doch dieses Bäumlein. Weil es dekorativ ist und schnell woanders stehen kann.
Gebastelt wird es aus glänzendem Farbkarton, den es in sehr schönen Farben gibt: ein echtes Tannengrün für den Baum; Hellrot, Orange, Gelb, Gold, Hellgrün und Blau für die Anhänger.
Zeichnen Sie sich die Grundform am besten auf billiges, weißes Zeichenpapier vor. Bestimmen Sie so „Ihre" Größe selbst (siehe Schema Seite 32 oben), und wenn sie Ihnen gefällt, dann übertragen Sie die Form dreimal auf die Rückseite des tannengrünen Glanzkartons und schneiden sie einzeln aus. Von je zwei Baumteilen bestreichen Sie die zusammengehörigen Zacken mit Klebstoff und pressen sie genau aufeinander; das dritte verbinden Sie mit den beiden vorigen links und rechts auf die gleiche Weise. Drücken Sie jedoch immer geduldig eine Weile die Zacken aufeinander, bis der Klebstoff fest geworden ist. Sie können das Bäumchen nun noch zurechtdrücken: Dort wo die Zacken abstehen, sollte von oben nach unten eine *Andeutung* von einem Knick entstehen.

Das Tannenbäumchen steht auf einem Dreieck-Grundriß, eine der 3 Seiten unten mißt etwa 38 cm, Höhe = 43 cm. Malen Sie eine halbe Schablone, die durch Wenden Modell für die ganze Baumform wird. Einfache Formen für die Anhängertäschchen: Herz, Apfel, Blume, Stern usw. Die Größen sollten nicht abweichen.

Besonderer Trick:
Gegenzeichnen, z. B. die Schablone einer Blume beidseitig am selben Blütenbogen markieren und durch Wenden erst Form 1, dann Form 2 nachzeichnen. Besonders bei regelmäßigen Grundformen ist das vorteilhaft, weil Sie sich kaum jeden einzelnen Bogen haargenau vorkonstruieren können.

Schneiden Sie alle 24 Grundformen doppelt aus, und kleben Sie sie wie Täschchen aufeinander, siehe gestrichelte Partien.
Die oberen, offenen Hälften der Täschchen werden gelocht, mit einer Lochzange oder einer dicken Nadel, nicht zu knapp am Rand.

Sehr weihnachtlich und doch ausgefallen: das Adventsbäumchen.

Ziehen Sie einen feinen Goldfaden zuerst durch 2 gebohrte Löcher (mit ca. 3 mm Abstand) in den Seitenwänden des Bäumchens. Diese Löcher befinden sich dort, wo Sie die jeweiligen Täschchen haben wollen (vorher ausprobieren). Dann ziehen Sie ein Ende des Goldfadens in die gelochten Täschchen und binden sie, nachdem die Überraschungen eingesteckt wurden, mit einem Schleifchen fest. Das 24. Geschenk können Sie auch unterm Bäumchen verstecken, aber erst am letzten Tag!
Nicht vergessen: Auf die Spitze des Bäumchens gehört ein gelber oder goldener Stern, der etwas größer und vielzackig dreifach geschnitten wird. Jeden Stern in der Mitte falzen, alle 3 Teile zusammenkaschieren und in die Spitze einkleben.
Stecken Sie in die Täschchen kleine Sprüche, Anekdoten, Gedichte; aber auch Witze, Illustrationen, Briefmarken oder Fotos, schlicht alles, was klein und dünn ist. Möglich sind auch Münzen und Scheine.

Vom Himmel in die tiefsten Klüfte
Ein milder Stern herniederlacht;
Vom Tannenwalde steigen Düfte
Und hauchen durch die Winterlüfte
Und kerzenhelle wird die Nacht.

Mir ist das Herz so froh erschrocken,
Das ist die liebe Weihnachtszeit!
Ich höre fernher Kirchenglocken
Mich lieblich heimatlich verlocken
In märchenstille Herrlichkeit.

Ein frommer Zauber hält mich wieder,
Anbetend, staunend muß ich stehn;
Es sinkt auf meine Augenlider
Ein goldner Kindertraum hernieder,
Ich fühl's, ein Wunder ist geschehn.

Theodor Storm

Sternenmobile

Mit dieser Arbeit kommt Ihnen ein ganz besonders klassisch-schönes Weihnachtsobjekt in die Stube. Viel stärker als die meisten anderen Adventskalender ist es wirklich für alle da, ernst und heiter zugleich. Mit Drehen und Reflexen auf matten und glänzenden, strukturierten und glatten Goldfolienpapieren wird ein tägliches, sehr reizvolles und zartes Lichtspiel veranstaltet. Darüber hinaus steckt so manche Überraschung in jedem Stern, der sich, ohne Verletzung, öffnen läßt.
Mit dem Zirkel ziehen Sie in 4 verschiedenen Größen (oder mehr, je nach Belieben) Kreise, ziehen eine Mittellinie von oben nach unten und übertragen mit dem Zirkel vom oberen und unteren Randpunkt den Radius nach links und rechts auf den Kreisbogen. Verbinden Sie die unteren Zirkelschläge mit dem oberen Kreismittelpunkt und die oberen Zirkelschläge mit dem unteren, so entsteht ein Sechseckstern. Die verschiedenen Sterne sind, mit einem Messerchen sauber ausgeschnitten, Ihre Grundmuster für alle folgenden 46: Je zwei müssen ja immer aufeinander passen. Wenn Sie schließlich alle fertig vorliegen haben, kaschieren Sie jeweils ein Sternenpaar mit dem gleichen Folienpapier. Der Papierstern wird mit Fixogum gleichmäßig eingestrichen (am besten mit der geraden Kante von einem Kartonstück verteilen) und dazu eine Partie in passender Größe auf der Rückseite des Folienpapiers.

Zur Grundkonstruktion eines jeden Sterns benötigen Sie Sechsecke, die auf den folgenden Zeichnungen dargestellt sind. Verwenden Sie dazu einfaches weißes Zeichenpapier; zum Kaschieren verschiedene Folienpapiere (goldfarbige, glatte und strukturierte gibt es in guten Fachgeschäften).

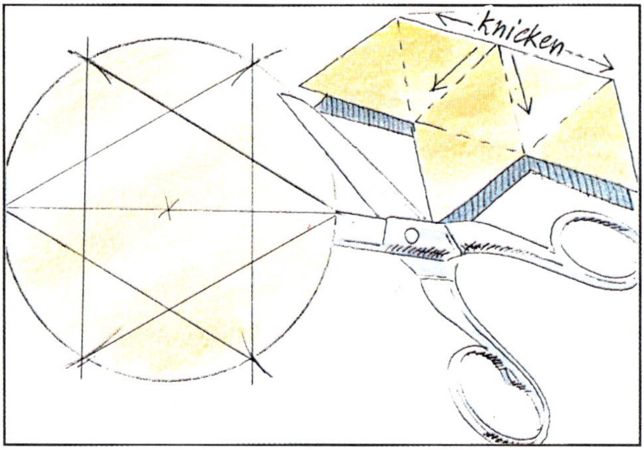

Nach dem Kaschieren und Prägen schneiden Sie einen Zacken heraus, aber lassen Sie unbedingt auf jeder Sternenhälfte eine Lasche (ca. 8 – 10 mm) stehen. Diese dient der einen Hälfte zum Kleben, der anderen als Einstecklasche wie bei einer Schachtel.

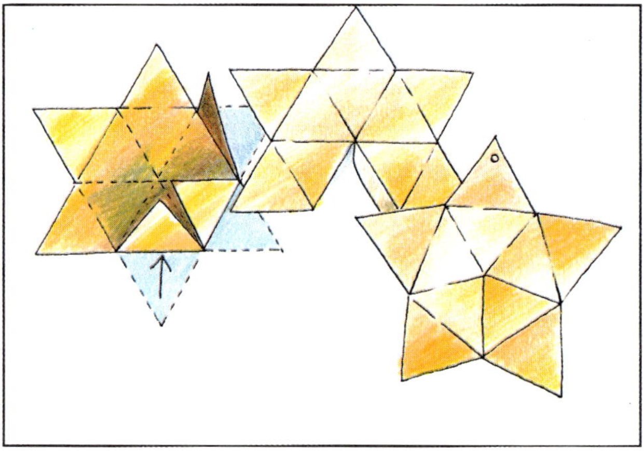

Jeder einzelne dieser schönen Sterne birgt ein Geheimnis: Füllen Sie kleine, nicht zu schwere Gegenstände oder Naschereien ein, ehe sie an einen wirkungsvoll drapierten Zweig (oder Kranz) gehängt werden.

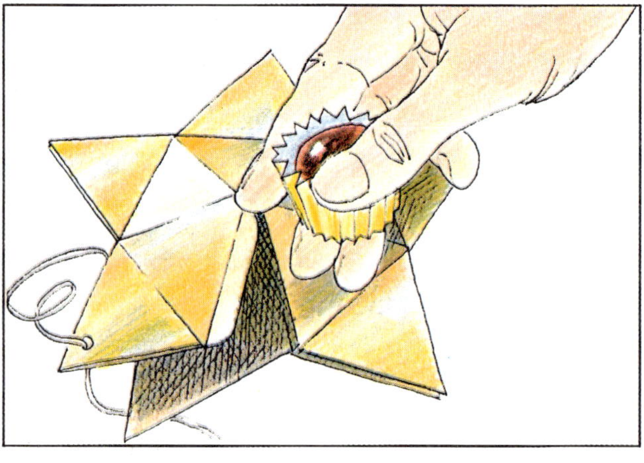

Die Bewegungen und Lichtspiele des Sternenmobiles bilden einen besonderen Blickfang.

Nun legen Sie genau Klebefläche auf Klebefläche und warten, bis der Stern gut haftet. Erst dann schneiden Sie den Stern entlang der Papierkanten aus dem Folienpapier. Prägen und falzen Sie jeden Zacken nach, von der Papierseite des Sterns her. Und schneiden Sie vom Mittelpunkt einen Schlitz nach außen hin.
Wenn Sie sich die Mühe gemacht haben (wie im Adventsbäumchen-Kapitel beschrieben), jeden Stern, per Kreuzchen markiert, gegengleich zu zeichnen, dann sollte Ihnen der folgende Klebegang 100prozentig paßgenau gelingen.
Knicken Sie alle vorgeprägten Teile des Sterns und kleben eine Hälfte (Lasche unter Zacken) zusammen. Die

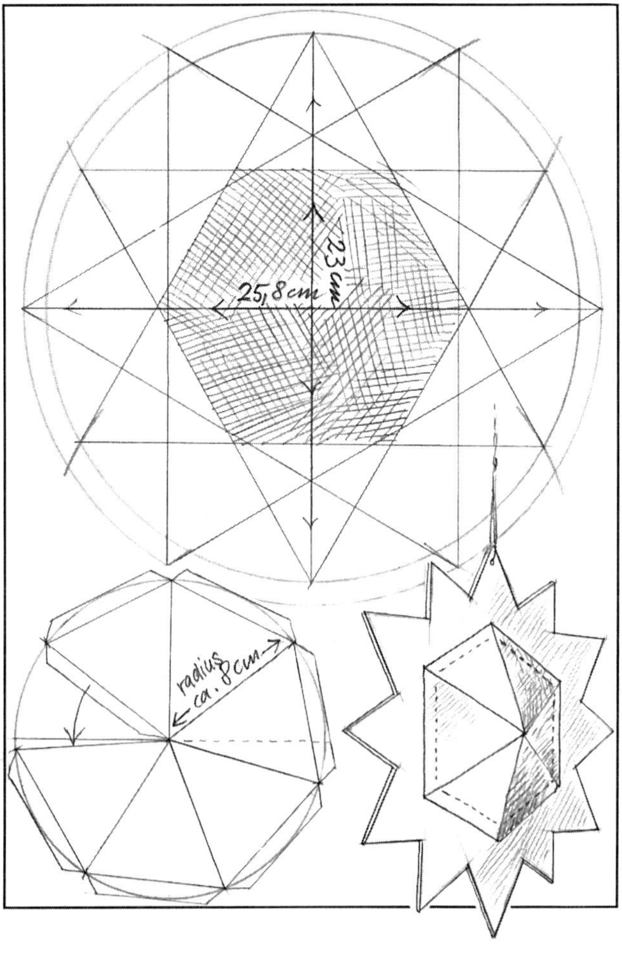

Mit dem Zirkel arbeiten Sie wieder einen Sechseckstern, wie beschrieben, ziehen aber gleich einen etwas größeren Kreis nach außen. Ziehen Sie zwischen den Zacken, neben der vorherigen Mittelpunktlinie (von oben nach unten) eine zweite Linie bis ganz an den des größeren Kreises. Von dem aus übertragen Sie den größeren Radius in der gleichen Weise. Und da sehen Sie schon: Der Stern bekommt jetzt größere Zacken dazu, genau jeweils zwischen die kleineren. Falls die letzteren fast verschwinden, muß das Ganze etwas ausgeglichen werden.

Genau nach der Schemazeichnung (mit einem Radius von ca. 8 cm) die Schablone anfertigen; Laschen nicht vergessen. Ausschneiden, prägen, kaschieren und dann sauber zusammenkleben. Die Laschen an den sechs Kanten nach innen geschlagen, wird der „Bauch" in der Mitte des Sterns aufgeklebt. Den ganzen Vorgang für den 2. Bauch auf der Rückseite wiederholen.

andere Hälfte kleben Sie nun so auf den ersten, daß der Laschenzacken von Klebstoff frei bleibt. Die Lasche stecken Sie in den Stern und stanzen am oberen Ende dieses offengebliebenen Zackens ein Loch oder durchbohren es mit einer Nadel (mit Faden). Ziehen Sie in ganz verschiedenen Längen dunkelgrünen oder dunkelblauen Faden durch, zum Aufhängen an einem Kranz oder großen Zweig.
Was ist aber mit dem 24. Stern? haben Sie sich längst gefragt. Er ist ja ein ganz besonderer, der größte und schönste, und wird etwas anders angefertigt, denn er besitzt statt sechs zwölf Zacken.
In der Mitte sitzt, wie zuvor, ein sechseckiger Bauch (vorne und hinten), aber der ist nicht zu öffnen, dazu ist dieser Stern zu würdevoll.
Auch für diesen wählen Sie die Ihnen genehmste Größe selbst, benutzen jedoch festen Zeichenkarton fürs Strahlenteil, leichtes Papier (dasselbe wie bei den übrigen Sternen) für seine Bäuche und zum Kaschieren diesmal glattes, glänzendes Goldfolienpapier.
Nach dem Ausschneiden kaschieren Sie ihn von beiden Seiten mit Fixogum, wie gehabt, auf das glänzende Folienpapier (vorher bitte den Mittelpunkt noch einmal durch die Folie stechen, damit er gut sichtbar bleibt von beiden Seiten).
Dann arbeiten Sie die beiden Mittelteile. Den Radius messen Sie vorher aus, damit die Bäuche nicht zu groß (oder zu klein) werden. Sie benutzen jetzt wieder das feinere Papier. Zum Schluß lochen Sie den Stern an einem großen Zacken und hängen ihn mitten in die Gruppe der anderen (siehe Zeichnung links).

Von Tag zu Tag wird der Transparentstern leuchtender.

Transparentstern

Dieser Transparentstern wirkt sehr einfach und ist eher für die kleineren Kinder (oder zur Dekoration) gedacht. Auch geht es hier nicht um verpackte Geschenke, sondern um das Licht, das sich Tag für Tag symbolisch vergrößert, bis der Stern am Weihnachtstag vollständig leuchtet.
Für sein äußeres „Gerüst" habe ich mattgoldenen Farbkarton verwendet; Glanzfolienpapier in Gold für die Türen, Seiden- bzw. Transparentpapier für die Fenster und einfache, dünne Pappe für das innere Gerüst.
Zunächst muß auf der Pappe der Kreis mit dem Sechseck gezeichnet werden. Verbinden Sie dann alle Spitzen des Sechsecks über den Mittelpunkt hin und ziehen Sie weitere Linien von Mitte zu Mitte der Sechseckgeraden (Außenkanten). So entstehen die 24 Dreieckfelder (siehe Schema Seite 42). Fügen Sie nun allen Linien für die Felder links und rechts einige Millimeter hinzu, so daß überall gleich breite Stege von mindestens 5 bis 6 mm Stärke entstehen. Diese Stege brauchen Sie zur Stabilisierung des Sterneninnenteils. Schneiden Sie mit Ihrem Messerchen die inneren Felder zwischen den Stegen sauber heraus. Zeichnen Sie den Rand des Sechsecks um ca. 15 bis 17 mm nach außen hin breiter und trennen es an diesen Linien entlang aus dem Pappkarton heraus.
Damit halten Sie die Rohform des Sternes in der Hand. Kreuzen Sie eine beliebige Stelle am Rand an, das ist

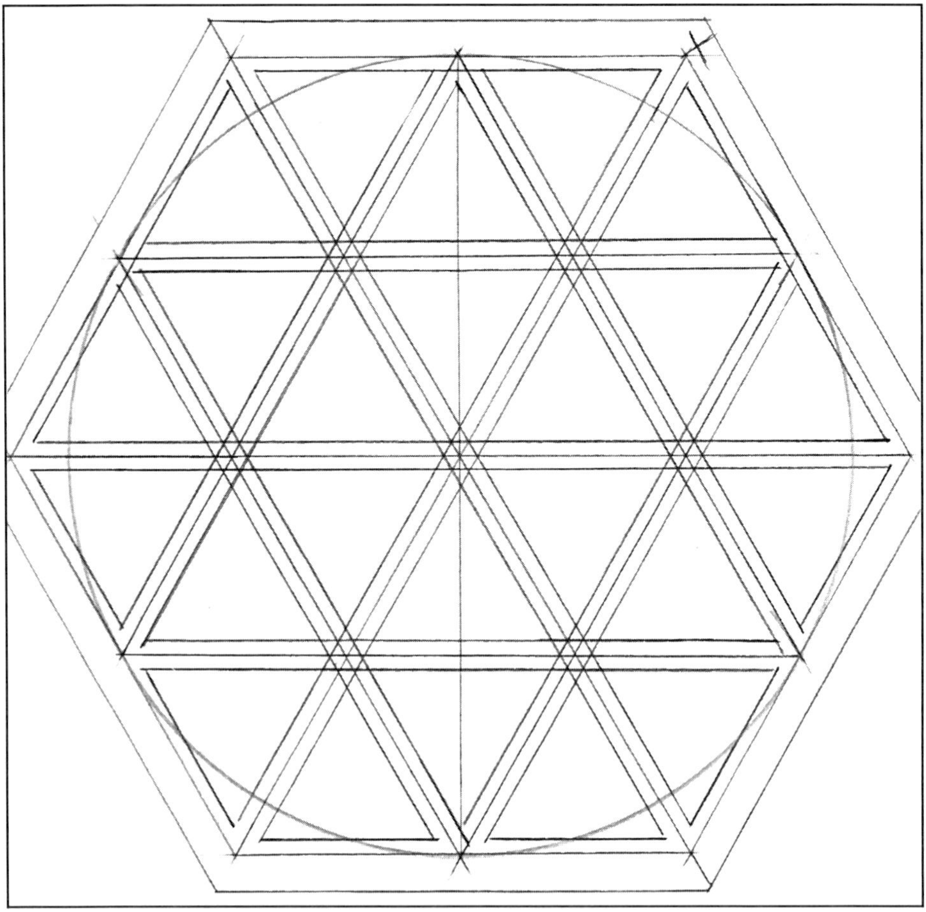

Ihre Orientierungsmarke für die gegenüberliegende 2. Form auf dem Goldkarton.
Legen Sie dieses Gerüst nun mit der gezeichneten und markierten Seite auf die Rückseite des Goldfarbkartons, pinnen Sie es mit ein paar Heftstreifen fest, und umfahren Sie mit einem gut gespitzten Bleistift alle Felder und Außenkanten. Kreuzen Sie dieselbe Stelle wie bei der Pappe auf der eben gezeichneten Goldkartonrückseite an.

Gehen Sie an das Einschneiden der Türen, achten Sie immer auf die Richtung, denn je Gerade wird ja nur geprägt und gefalzt, zum Aufbiegen. Die Stege können eine Spur breiter geschnitten werden.

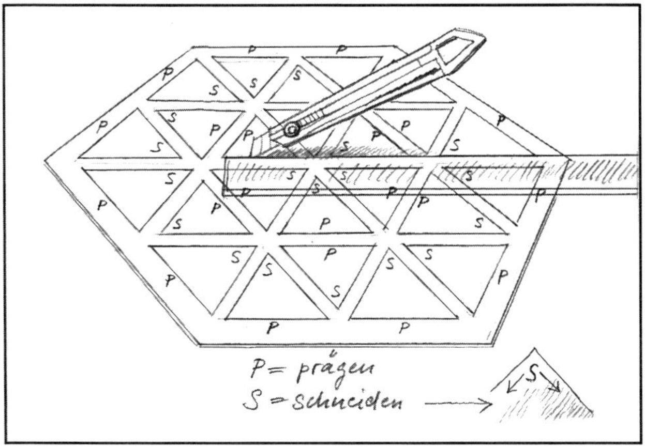

Auf der weißen Seite werden die gut vorbereiteten Goldfoliendreiecke (um einige Millimeter an allen Seiten größer schneiden) aufgezogen und, wenn sie fest sind, von der Goldseite des Sterns her (in den Schnittlinien) nachgeschnitten.
Prägen Sie die Knickkanten von beiden Seiten gut vor.

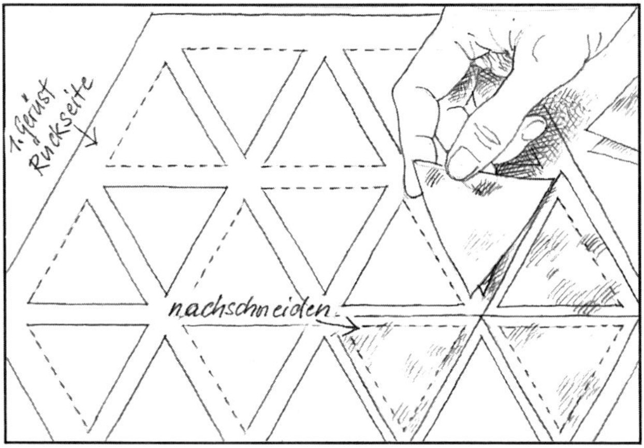

Bevor Sie die Seidenpapiere auf die Felder des Pappgerüsts verteilen, können Sie schon die seitlichen Strahlen vorbereiten. Aus dem Mattgoldkarton schneiden Sie in der Ihnen angenehmen Größe 5 kleinere Teile und 1 großes zurecht, die zwischen beide Gerüste geschoben und eingeklebt werden, siehe auch Farbbild.

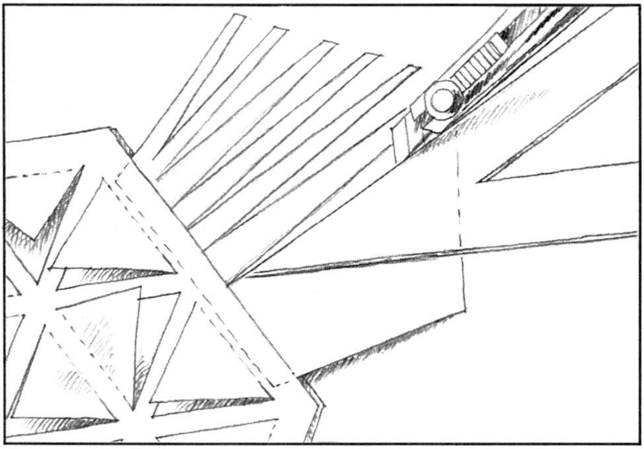

Nehmen Sie das Pappgerüst wieder zur Hand und bekleben Sie die Innenseite mit farbigen Seiden- oder Transparentpapieren: Rote, rosa, orange und gelbe, genügend größer geschnittene Dreiecke ordnen Sie im Wechsel an.

Wenn die beschriebenen Arbeiten präzise ausgeführt sind, kommen das Pappgerüst und der Goldkarton an der markierten Stelle zusammen. Sie werden mit Papierkleber paßgenau zusammengeklebt.
Später, wenn die Türen offenstehen, leuchtet das glänzende Innengold im Farbton der dahinterliegenden Transparentpapiere besonders schön.

Das Weihnachtsdörflein birgt doppelte Überraschungen: außen wie innen.

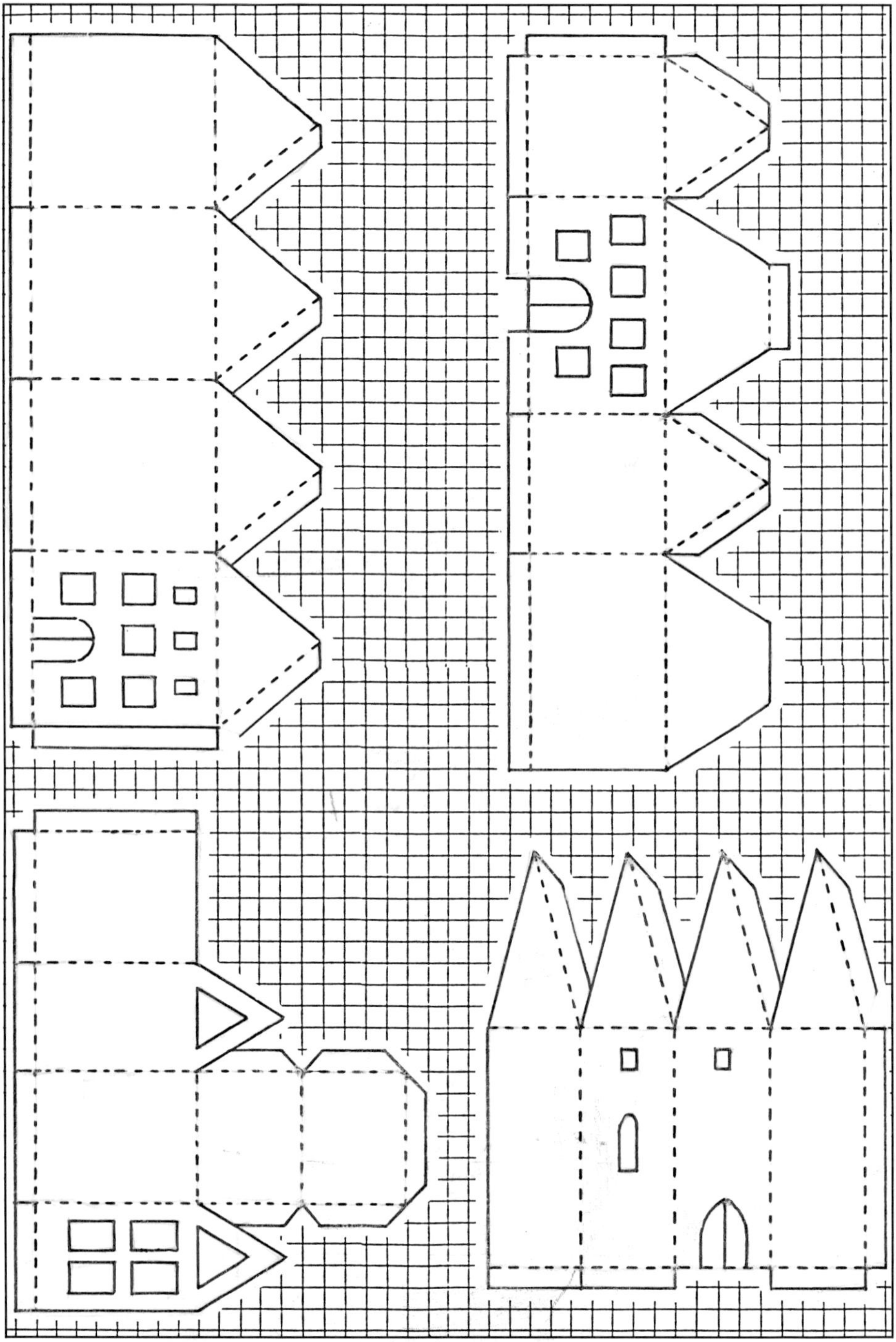

Weihnachtsdörflein

Ein Weihnachtsdörflein sieht ganz bezaubernd auf einem weihnachtlich dekorierten Fensterbrett aus und ist nicht schwer herzustellen.
Etwas Geduld sowie einfaches Zeichenpapier vom Block genügen. Die Modelle sind von den Schemazeichnungen der folgenden Seiten auf Originalgröße zu bringen und so oft zu übertragen, daß am Ende 24 Häuschen, einschließlich der Kirche, vorhanden sind. Am besten, Sie schneiden sich immer erst eins vor, prägen, falzen und biegen es zur Probe zusammen, um zu prüfen, ob alles stimmt. Dann können Sie es als Muster weiterverwenden. Schnittpunkte innerhalb der Zeichnung mit einer Stecknadel durchstechen zum Übertragen, die Außenkanten und Fenster mit gespitztem und etwas härterem Bleistift umzeichnen. Derart bereiten Sie alle Häuschen auf die praktischste Art vor und schneiden sie mit einem scharfen Grafikermesser aus. Anschließend von der Innenseite die Fenster mit rosa, orangenem oder hellgelbem Transparent- bzw. Seidenpapier hinterkleben. Prägen Sie alle Falzlinien vorsichtig und knicken dann alles entsprechend um. Nachdem alle geklebt sind, bauen Sie eine kleine Hügellandschaft aus Schuhkartons oder ähnlichem, decken mit weißem Seidenpapier oder einem schönen Tischdeckchen alles ab und gruppieren das Dörflein um die Kirche und verstecken unter jedes Häuschen eine kleine Aufmerksamkeit.

Gut passen zu den Häuschen auch Bäume aus einfachen Grundformen, je dreimal zugeschnitten und, ähnlich wie im Kapitel des Adventsbäumchens gezeigt, in Dreieckform zusammengeklebt, diesmal aber bis zur Mitte. Das Beste daran ist wohl: solche Häuschen und Bäume dürfen mit Wasserfarben und Buntstiften natürlich auch bemalt werden.

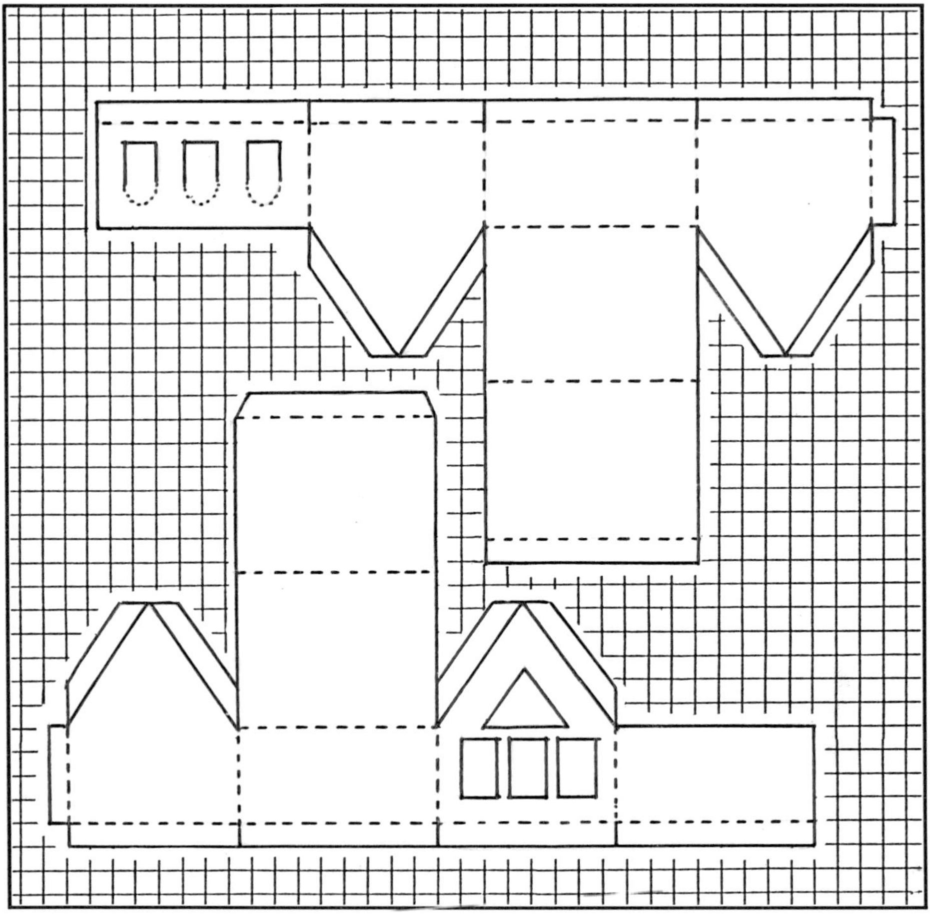

Jeden Tag erblüht eine Blume, bis am Heiligabend das Christkind aus der Rose erscheint.

Jesuskind im Blumengärtlein

Dieses schimmernde Schatzkästlein ist altbayerischer Volkskunst abgeschaut.
Sie benötigen echte, bunte Metallfolie oder Metallfolienpapier. Achten Sie darauf, das Metallfolienpapier nicht mit dem in anderen Kapiteln erwähnten Folienpapier zu verwechseln; Folienpapier ist nur einseitig auf Papier kaschiert und viel zu leicht für die jetzige Aufgabe. Beidseitig kaschierte Metallfolienpapiere gibt es meist in Gold, Kupfer, Silber, Rot, Grün und Blau, manchmal sogar in Rosa und Violett.
Besorgen Sie sich außerdem steifen Blumendraht (nicht den dünnen von der Rolle) sowie dunkel- oder olivgrünes Kreppapier.

Zeichnen Sie Ihre Modelle mit spitzem Bleistift auf die Folien innerhalb eines Kreises. Schneiden Sie sie mit einer guten Schere aus und prägen Sie mit einer dünnen, aber nicht zu spitzen Stricknadel zusätzliche Muster ein: Streifen, Punkte, Gitter, Zacken usw.

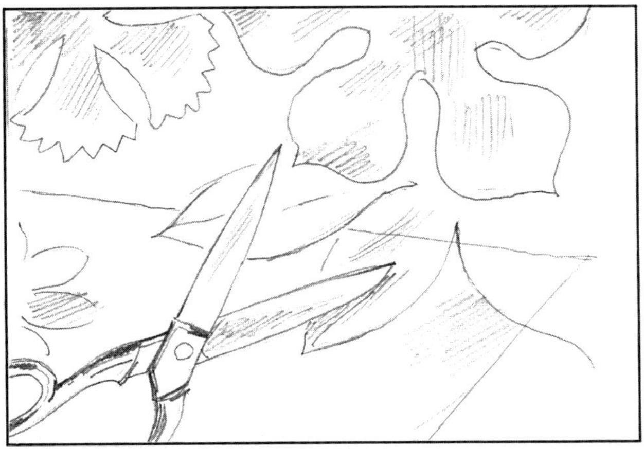

Verbinden Sie die mehrschichtigen Blütenteile mit gutem Klebstoff. Warten Sie mit der Weiterverarbeitung grundsätzlich, bis der Kleber gut abgebunden hat. Dann zwicken Sie in der gewünschten Länge ein Stück Draht ab, der als Stengel durch die Blütenmitte gestochen und dort zu einem kleinstmöglichen Kringel gedreht wird. Auf dieses Drahtende können Sie eine Glasperle oder ein in Form geschnittenes Stück Folie kleben. Jetzt wird die Blüte Blatt für Blatt geschlossen. Der Stengel sollte mit ca. 2 cm breiten Kreppapierstreifen von oben (gut ankleben) nach unten dicht gewickelt und geklebt werden. Am Blütenschaft können Sie außerdem noch einen kleinen, evtl. gezackten Knospenabschluß befestigen. Da, wo Sie es gerne haben, bringen Sie Blätter am Stengel an – am besten gleich in die Kreppapierstreifen eingearbeitet. Durch Stoff und Einlage stecken Sie dann alle Blüten und befestigen sie auf der Unterseite durch einen Dreh des Drahtes mit der Zange. Klebestreifen auf der Unterseite geben zusätzlichen Halt.

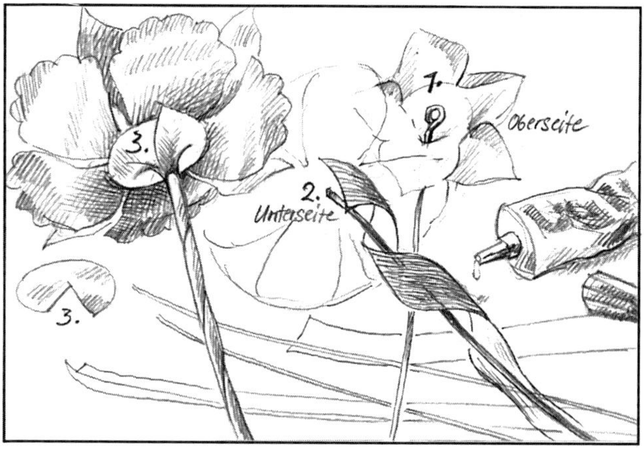

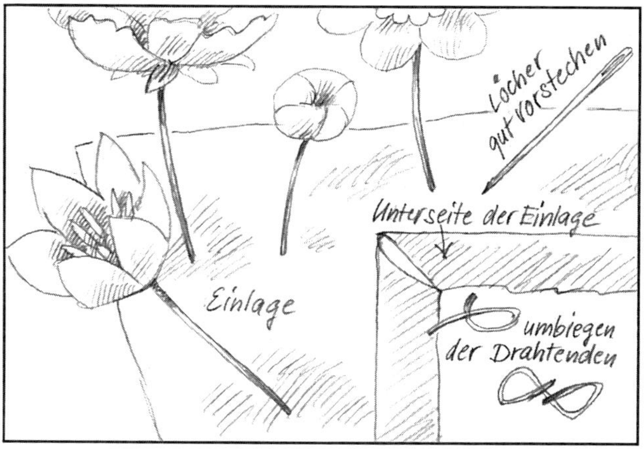

Die Rose in der Mitte bildet die Unterlage für das Jesuskind. Sie wird ähnlich hergestellt wie die anderen, nur ist sie viel größer und bedarf keines Drahtes. Füllen Sie die Rose zu einer ovalen Form mit mehreren Lagen Blütenblättern.

Tag für Tag bis Weihnachten erblüht nun eine beliebige Blume – bis am Heiligen Abend das Christkind aus der Rose erscheint.

Eine schöne, fast quadratische Schuhschachtel wird entweder mit unifarbenem Stoff (Leinen, Samt, Satin) oder auch Papier von eher neutraler Tönung ausgeschlagen (kaschiert). In die Schachtel wird eine Einlage aus Pappe gelegt. Sie wird um etwa 5 mm an allen Rändern kleiner als das Schachtelformat zugeschnitten, ebenfalls mit Stoff bezogen und mit Zeitungspapier ausgepolstert. In dieser Einlage stecken 23 Folienblüten, die von allen Seiten das Christkind, ruhend inmitten einer großen Gold-Rosenblüte, umrahmen. Doch zunächst sind die Blüten geschlossen. Die Schachtel kann von außen noch zusätzlich bemalt oder beklebt werden.

Adventsuhr

Nach dem vorangegangenen, etwas „üppigen" Thema möchte ich nun ein eher schlichtes vorschlagen: die Adventsuhr.

Tag für Tag wandert ein Zeiger (in unserem Fall ist das ein Stern) vom ersten bis zum letzten Adventstag und deckt auf seinem Gang das verborgene Bild auf.

Den Hintergrund bildet ein sehr fester Karton, kaschiert mit schönem blauem Glanzkarton. Der Rahmen ist aus marmoriertem Papier geschnitten, an allen Rändern um 3 cm breiter. Er wird beim Kaschieren über die Kanten gezogen und auf der Rückseite verklebt.

Wählen Sie besonders edles Material als Rahmen für das Motiv, das gerade durch seine Einfachheit beeindrucken soll.

Nun kommt das schwierigste: ein geeignetes Kalenderbild (oder ähnliches) für das Weihnachtsmotiv zu finden. Denn hier muß man besonders auf die Anordnung des Dargestellten achten. Zum ersten muß das Bild in Kreisform ausgeschnitten werden; zum zweiten bekommt es in die obere Mitte (Radius) einen Einschnitt verpaßt. Der aber sollte, wenn irgend möglich, die Hauptszene der Darstellung nicht stören.

Diesen Schnitt benötigen wir für den Mechanismus des Deckelkreises. Ein zweiter, etwas kleiner geschnittener Kreis aus einem neutralen, aber farblich gut passenden Zeichenpapier (evtl. kaschiert), verdeckt zunächst das Weihnachtsmotiv. Mittels Drehen aber

Beide Kreise (der eine, das Motiv mit 24 Zakken, der andere um die Höhe der Zacken kleiner und einfach rund) werden Mittelpunkt auf Mittelpunkt fixiert (mit einem Stück Draht durch den Kartongrund).
Zum zweiten muß auch der Deckelkreis einen Einschnitt (Radius) erhalten, dazu aber einen Streifen, etwas länger als der Radius, versteckt, hinter die linke Einschnittseite bekommen. Der Streifen verstärkt die Mittelpunktbefestigung und endet am Kreisrand in einer Hemmvorrichtung. Denn dieser Deckelkreis soll zwar hinter dem Einschnitt des darunter befestigten Bildes verschwinden, darf jedoch in entgegengesetzter Richtung nicht herausrutschen.
Genau auf den Mittelpunkt legen Sie den Dekkelkreis und stechen mit einer dicken Nadel durch Papiere und Karton. In dieses Loch wird eine kleine Drahtschlaufe geschoben, deren Schlaufenteil auf der Vorderseite (ca. 2–3 mm) herausragt und deren Enden über Kreuz auf der Rückseite auseinandergebogen werden.

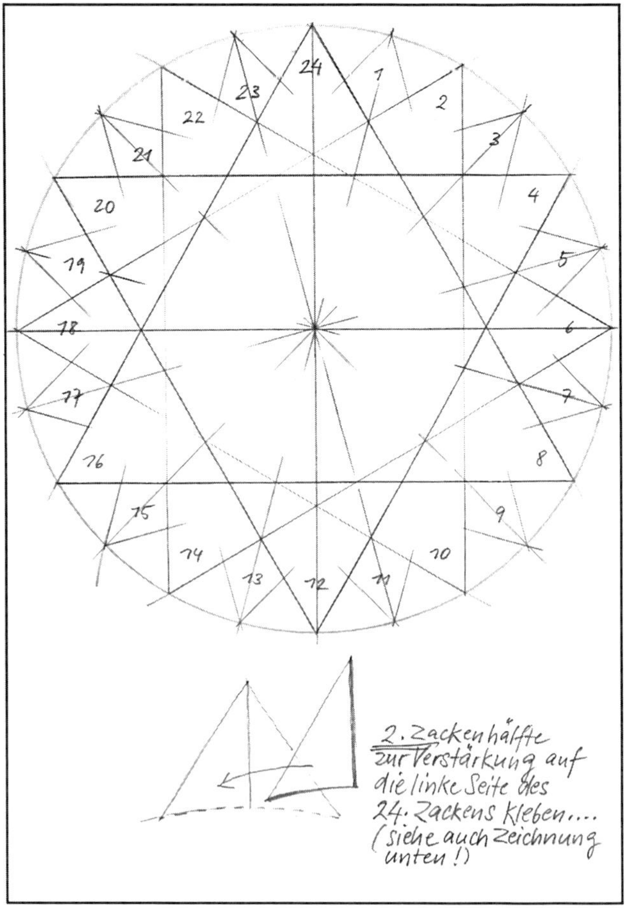

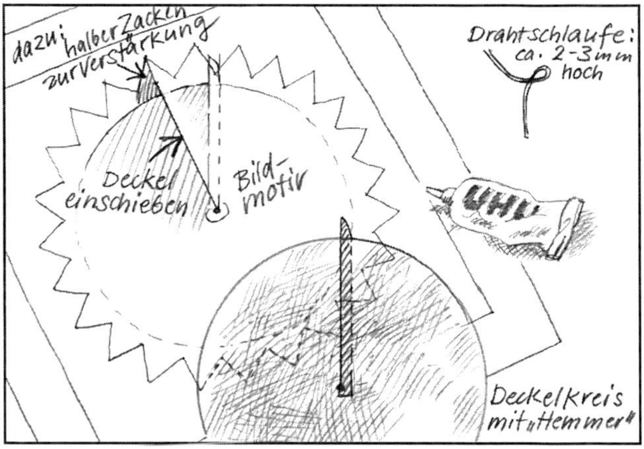

verschwindet es Stück für Stück immer mehr hinter dem vorhin beschriebenen Einschnitt und deckt dadurch immer mehr das Weihnachtsbild auf.
Wenn Sie Ihr Bildmotiv in Form geschnitten haben, mit Zacken und Schlitz, dann plazieren Sie es auf die Mitte des Kartons, pinnen es sehr vorsichtig an zwei Stellen fest und kleben jetzt die äußersten Spitzen der einzelnen Zacken auf dem Untergrund fest, den letzten aber (der oberen Mitte) vorerst noch freilassen.
Zur Verschönerung und Führung befestigen Sie ein Sternchen auf die ebene Kante des rechten Schlitzteils, durch entsprechende Unterlagen etwas erhaben.
Jetzt muß nur noch der oberste Zacken festgeklebt und mit einem zweiten Zacken links verstärkt werden, damit der Hemmer nicht mehr herausgleiten kann.
Jetzt wird der hinterklebte Streifen vom Deckelkreis in den Schlitz vom unteren Bild geschoben, der „Hemmer" evtl. zurechtgestutzt (darf höchstens halbe Höhe eines Zackens betragen), und nun können Sie den Deckel bereits drehen und verschwinden lassen.
Die vier Ecken der Adventsuhr habe ich, den vier Adventswochen entsprechend, mit Anfangsstrophen besonders schöner, alter Weihnachtslieder beschrieben. Abwandelnd könnte ich mir auch eine etwas detailliertere Gestaltung der „Uhr" denken, Numerierung der Zacken und vielleicht auch farbliche Steigerung gegen Heiligabend hin, und anderes mehr.

Immer werden wir's erzählen,
wie das Wunder einst geschehen
und wie wir den Stern gesehen
mitten in der dunklen Nacht.
Volksmund

Die Adventsuhr enthüllt bis Weihnachten ihr verborgenes Bild.

Bei der Gestaltung der Collage können Sie Ihrer Phantasie freien Lauf lassen.

Collage

Mag sein, daß Sie das Foto sehen und gleich vor Schreck die Hände über dem Kopf zusammenschlagen, obwohl Ihnen die Collage gut gefällt. Lassen Sie sich sagen, daß dazu zwar kaum ein genauer Arbeitsplan aufgestellt werden kann, dafür aber auch wirklich jedem Quentchen eigener Phantasie Raum gegeben ist. Es gibt nur ein Problem: Wie fängt man am geschicktesten an? Beginnen Sie mit einem Motiv, das Ihnen aus Stimmung und Anlaß am Herzen liegt. Das kann ein besonders schönes Bild sein, ein Foto, eine feine Farbkombination oder einfach ein hübsches Stück Stoff. So etwas kann schon den Grundstock zu einer Collage bilden. Sie müssen selbst bestimmen, wie groß sie werden soll, mit welchem Grundstoff Sie sie beziehen und mit welchen Geschenken Sie sie bestücken wollen. Das hängt natürlich alles sehr mit dem Empfänger einer solchen Collage zusammen, weil dies wirklich einer der persönlichsten Adventskalender ist. Alle Dinge, die nicht zu groß und zu kostbar sind und von denen Sie wissen, der Beschenkte hat daran Gefallen, sind die dekorativen Zutaten. Damit haben Sie bereits die wichtigsten Voraussetzungen geschaffen. Mit der Goldfolie, dem goldenen Strukturpapier oder dem kostbaren Stoff werden Sie eine genügend große, steife Pappunterlage beziehen und über die Kanten auf der Rückseite befestigen. Dann folgt die Anordnung Ihres Motivs. Gehen Sie dabei ganz spontan vor.

Wenn Sie eine romantische Morgenstimmung auf die Mitte des Tableaus plazieren möchten – tun Sie es, das ist dann der richtige Platz dafür. Nun folgt vielleicht ein zweites Bild oder eine Rose in die linke Ecke oder ganz am unteren Rand. Treten Sie dann und wann einige Schritte zurück, um Ihr Arrangement aus der Entfernung zu betrachten.

Sind Sie mit der Collage fertig, dann bringen Sie die Geschenke an. Fällt Ihnen das schwer, dann probieren Sie trotzdem auch folgende Vorschläge dazu aus:
An den Drucken, die Sie bei der Collage verwenden, lassen Sie Seitenschlitze und Öffnungen stehen, wenn Sie sie aufkleben, damit Sie später etwas darin verstecken können. Wenn Sie die Grundkaschierung mit geometrischen Mustern verzieren, die hin und wieder als „Tasche" offen bleiben, dann haben Sie zusätzliche Verstecke geschaffen.

Man kann den Kalendern auch andere Themen geben. Vielleicht wollen Sie sich oder jemand anderen im Advent an bestimmte Menschen erinnern. Sammeln Sie Fotos, Erinnerungsstücke, alles was in der beschriebenen Form verarbeitet werden kann, und arrangieren Sie dies als Kalender. Befaßt sich der Kalender mit Verwandten, dann läßt sich etwas für einen „Ahnenbaum", mit einem zentralen Baummotiv, zusammenstellen.
Eine weitere Möglichkeit wäre, einen Erlebnis- oder Erinnerungskalender zu basteln. In ihm können alle schönen, fröhlichen Ereignisse und Erlebnisse aus dem ablaufenden Jahr in Form von Fotos, gemalten Bildern, Urlaubsfahrkarten usw. versammelt sein. Dorthinein gehört dann auch der erste verlorene Zahn der Tochter oder die letzte Haarlocke der einstigen Mähne des Freundes.

Objektekalender

Mama Tüte und ihre Kinder

Hauptmotiv bildet die große, dicke, braune Tüte, die „Mama", wohlgefüllt mit lauter guten Sachen verführerisch inmitten ihrer „Kinder" prangend. Letztere sind kleinere und kleine ebenso gefüllte Tüten, mehr oder weniger gehalt- und geheimnisvoll. Grüne, duftende Tannenzweige ragen hier und da heraus, mit Sternen

Ist sie nicht hübsch anzuschauen, unsere dicke „Mama" mit ihren prallen „Kinderchen"?
Eine kinderreiche Familie – wahrhaftig – für kinderreiche Familien.

In der hinteren rechten Ecke steht die Krippenhöhle. Sie ist aus Steinen und Holzstücken zusammengesetzt. Vom Beginn der Adventszeit an schwebt der Engel von Tag zu Tag zu jeder Figur und nimmt sie mit auf seinem Weg zur Krippe, die sich am Heiligen Abend für die Heilige Familie öffnet.

Kleine Variante:
Jede Figur bringt ein kleines Geschenk mit – dann müssen die Kinder nicht auf ihre liebgewordenen Überraschungen verzichten.

Hierüber freuen sich Backfans: lauter Zutaten für feine Sachen.

oder Lebkuchen behängt. Die Hauptsache dabei ist aber, daß die Kinder und Eltern sich ihre Tüten selbst bemalen dürfen (wer will und kann). Wer das nicht möchte, hängt sich ein buntes Engelein, Sternchen oder ein paar Oblatenbilder dran. Wer selbst dazu kaum Zeit oder Fähigkeit aufbringt, der beläßt die Tüten und bindet alle nur mit dekorativen Bändern zu, die in gedrehten Enden lustig herabhängen können. Das ist was für Leute, die kaum Zeit haben für intensive Bastelarbeiten.

Adventskrippe

Am intensivsten kann ein Kind die Weihnachtsgeschehnisse am Bild der Krippe mit der Heiligen Familie, den Engeln und Hirten, den Tieren und natürlich auch den Heiligen Drei Königen nachvollziehen. Aus dieser Überlegung entstand die Idee, an jedem Adventstag eine Figur mehr zur Krippe hinzuzusetzen, bis schließlich, am Heiligen Abend, das Jesuskind in der Krippe liegt.
Um das zu realisieren, sollten Sie natürlich Krippenfiguren bereit haben.
Legen Sie auf einer größeren Hartfaserplatte (etwa 70 x 100 cm bei dem abgebildeten Garten) eine Landschaft aus Moosen, Graspolstern, Steinen und bizarren Zweigen an. Die Gesamtgröße der Anlage muß sich nach der Größe Ihrer Krippenfiguren richten.
Hügel und Täler entstehen durch Unterlegen von geknülltem Zeitungspapier. Kleben Sie das Papier auf die Unterlage und drapieren Sie darauf das Moos und das Gras. Zum Feststecken der Äste (als Bäume) kleben Sie einfach Styroporblöcke auf die Platte, in die Sie dann die Äste stecken. Selbstverständlich werden die Blöcke anschließend mit Moos o. ä. versteckt.

Adventskalender für Backfans

Wer den Grundsatz liebt, das Praktische mit dem Schönen zu verbinden, freut sich bestimmt über einen Adventskalender, der genau in der jahreszeitlich bedingten Backbegeisterung würzige Zutaten, schöne Geräte und feine Rezepte bereithält und damit Termindruck und Budget des Beschenkten erheblich entlastet; nicht zuletzt deshalb, weil sich die Verwirklichung sei-

ner Ideen und Vorschläge in sehr angenehmer Weise auf den Schenker auswirken dürfte (vielleicht auch in Form von erhöhter Kalorienzufuhr).
Eine selten schöne, runde Backform in der Mitte, gleichsam als „Kranz", wird ringsherum drapiert mit den wichtigsten Rezepten, Gewürzen wie Anisblüten, Nelken oder Kardamom und Zimtstangen, hübsch in Klarsicht- oder Perlmuttfolie eingeschlagen. Hier lassen sich alle Arten von dekorativen Zutaten anbringen. Dazwischen hängen neue und ein paar alte Model, aber auch mal ein schön gestalteter Lebkuchen, Backförmchen oder Zuckerveilchen, sogar Apfelsinen und Zitronen würden der Gesamtoptik garantiert die nötige Farbigkeit und den vorweihnachtlichen Duft verleihen. Da kann kaum einer widerstehen: Der Junggeselle, der so etwas bekommt, soll mir dann nicht mehr erzählen, er könne nicht kochen ... (muß ja schließlich nur backen!!)

Numerierungen der Kalender

Und nun noch ein paar Anregungen für die Numerierung der Päckchen, Türchen usw. ...
Entscheiden Sie zunächst je nach Art des Kalenders und je nach Temperament des Beschenkten: große oder kleine Zahlen; bunt oder einfarbig; sehr ordentlich oder mehr „künstlerisch" verteilt. Zum Selbstschreiben benötigen Sie etwas Geschick im Umgang mit Feder und Pinsel und haltbare Farben.

Im Fachhandel erhält man Zahlen zum Abreiben, Aufkleben etc. farbig oder schwarz. Zahlen können auch aus glänzenden Folien (etwas mühsam) und/oder farbigen Papieren geschnitten und auf andersfarbige Hintergründe geklebt werden – auf Sterne und Wölkchen, einfache Rauten, Kreise, Quadrate und viele andere Formen.

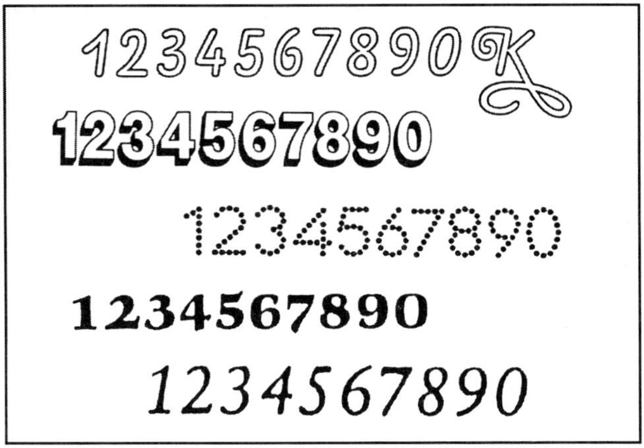

Wolke

Ein duftiger Traum, besetzt mit kleinen Überraschungen.

Und zum Abschluß noch was fürs kleine Budget und für eine Umgebung, wo eine flippige Dekoration willkommen ist. Die Wolke besteht aus ca. 3 m weißem, evtl. pinkfarbenem oder hellblauem Tüll, der phantasievoll geknuddelt an Fäden von der Decke herunterhängt. Vernähen Sie die meisten Knautschstellen mit verdeckten Stichen und besprühen Sie die Wolke mit Gold- oder Silberspray, oder streuen Sie Glimmer darüber.

Dazwischen stecken witzige Kleinigkeiten – offen oder verpackt – mit Sternchen für den Tag gekennzeichnet. Hie und da ein Flügelpaar gibt der Wolke „himmlisches" Flair. An 3 bis 4 „architektonisch" wichtigen Punkten hängen Sie die Wolke mittels dünnen, dunklen Fäden an einen effektvollen (etwas im Dunkel liegenden) „Himmel".